# LEÇONS

D'HISTOIRE

# DE LA PHILOSOPHIE.

## DEUXIÈME LEÇON.

De l'Analyse philosophique. — De l'Histoire. — Philosophie de l'Orient; — Philosophie de la Grèce et de Rome. — Philosophie de Descartes.

Dans ma dernière leçon, je me suis proposé d'absoudre la philosophie, je me suis proposé de prouver que la philosophie n'était pas le fruit de la rêverie de quelques hommes, mais le produit nécessaire d'un besoin fondamental de la nature humaine : que par conséquent la philosophie n'aurait pas pu être ou n'être pas, qu'elle ne tenait pas à quelques hommes, mais à l'humanité tout entière.

Arrivé à ce résultat, Messieurs, j'ai interrogé la nature humaine, j'ai passé en revue tous les besoins qui la constituent, toutes les idées générales qui président à son développement; savoir : l'idée de l'utile, l'idée du juste, l'idée du beau, l'idée du saint et du divin, enfin, l'idée du vrai en soi, pris, non plus à tel ou tel degré, mais dans sa forme invariable, mais à son degré le plus élevé, sous la forme la plus déterminée, sous celle que la pensée ne peut pas dépasser, parce que cette forme est précisément, Messieurs, la forme adéquate de la pensée.

De cet examen il est résulté 1° que ces cinq élémens que nous avons successivement parcourus sont non des illusions, mais des réalités, mais des réalités qui nous sont attestées par l'autorité de la conscience, par l'observation intérieure; 2° qu'il n'y a pas de nouveaux éléments, qu'il n'y en a pas plus que ceux que nous avons signalés et décrits, et que ceux-là épuisent la composition de la nature humaine; 3° qu'il n'y en a pas moins, c'est-à-dire qu'ils sont simples, indécomposables,

irréductibles les uns aux autres; 4° que, s'ils ne sont pas contemporains les uns des autres, ils sont simultanés, et qu'une fois développés ils coexistent ensemble, ne se détruisent pas les uns les autres; 5° que dans l'ordre de leur développement, l'élément philosophique apparaît le dernier, et nécessairement le dernier; 6° que l'élément philosophique est supérieur à tous les autres, supérieur en ce que sous son obscurité apparente il cache la vraie lumière, en ce que, tout spécial qu'il est, il s'étend à tous les autres et les embrasse, en ce que, enfin, en les embrassant, il les domine et il les explique; 7° que par-delà l'élément philosophique il n'y en a pas d'autres, attendu que pour la pensée il n'y a rien par-delà elle-même.

Tels sont les résultats qu'un examen rapide de la nature humaine nous a donnés; nous avons obtenu ces résultats, Messieurs, par l'observation d'un côté, et de l'autre par une classification fondée sur cette même observation. Nous avons observé, compté, décrit les besoins réels que nous avons trouvés dans l'homme, et puis nous avons observé les rapports de ressemblance et de dissemblance; nous les avons classés par ces rapports. C'est là ce qu'on appelle l'analyse philosophique; et, Messieurs, il n'y avait que l'analyse philosophique qui pût nous conduire légitimement à l'élément philosophique.

Si l'analyse philosophique a été légitimement appliquée dans la dernière leçon à la nature humaine, ces résultats ne peuvent pas être contestés. Mais, Messieurs, ont-ils toute l'évidence désirable? C'est la conquête de la philosophie elle-même que la méthode analytique. Cette méthode a aujourd'hui un rang, une autorité incontestable dans la science, elle y représente l'idée même de la philosophie. Mais à cette méthode, déjà acquise, n'est-il pas possible d'en joindre une autre, je le pense; je pense que le temps présent doit à la conquête de la méthode analytique joindre la conquête d'une autre méthode qui peut se joindre légitimement à la première, et ne pas la dominer, mais la confirmer.

Je m'explique. Qu'est-ce que l'analyse? c'est l'observation dans la science des faits intérieurs cachés dans le fond de la nature humaine à l'aide de la conscience. Ces faits sont compliqués, mêlés ensemble, obscurs, presque insaisissables par leur intimité même. La conscience qui s'applique est une lumière non pas incertaine, mais faible, c'est un microscope appliqué à des infiniment petits; mais n'y a-t-il pas ailleurs, dans une autre sphère, la représentation de ces faits si délicats, visibles, manifestes, et *aperceptibles*, Messieurs, non plus par la conscience individuelle, mais par un sens, je le répète, non pas plus certain, mais plus lumineux que celui-là ? Oui, Messieurs, la nature humaine se développe dans l'individu, elle se développe encore dans l'espèce; là, la méthode n'est plus l'analyse, la méthode c'est l'histoire.

Qu'est-ce que l'histoire, Messieurs? ce n'est plus la biographie d'un individu, mais le spectacle total du développement de l'espèce. Qu'y a-t-il dans l'espèce, si non les mêmes élémens que dans l'individu, avec cette différence qu'ils y sont développés sur une plus grande échelle, et qu'ils sont plus visibles? il n'y a rien dans la nature humaine qui ne passe dans l'histoire. Si vous avez, par l'analyse, trouvé un élément humain dans la conscience individuelle, que vous ne trouviez pas dans l'histoire, c'est-à-dire qui n'ait pas été développé par l'espèce entière pendant deux ou trois mille ans, je vous conseille de douter de la réalité de cet élément. Si, d'un autre côté, vous trouviez dans l'histoire un élément que vous n'eussiez pas trouvé dans l'individu, je vous conseillerais fort de recommencer cette analyse.

Si la certitude de l'observation intérieure précède celle de l'histoire, la certitude de l'histoire est une garantie de la première, c'est une lumière nouvelle qu'il ne faut pas négliger, en un mot c'est une deuxième méthode qu'il faut joindre à la première.

Or, Messieurs, quelle est l'idée fondamentale de l'histoire? c'est l'idée d'un développement. Il n'y a point d'histoire pour ce qui ne se développe point. Et quelle est l'idée impliquée dans le développement? c'est l'idée d'un problême. Toute histoire est le développement de la nature humaine dans l'espèce à l'aide du temps, et, si c'est un développement, c'est une marche progressive. Qu'est-ce maintenant que le développement progressif de l'histoire? c'est la civilisation. Donc s'il y a développement dans la nature humaine, il implique, et on l'a dit ici beaucoup plus que je ne puis le dire, il implique que l'on caractérise la civilisation par tel ou tel point de vue isolé. La caractériser par un point de vue exclusif quel qu'il soit, ne serait pas plus philosophique que de prétendre que la civilisation ne réfléchit pas la nature entière. Tout ce qui est dans la nature humaine passe dans le mouvement de la civilisation, je dis tout ce qui est fondamental de la civilisation, car c'est là le bienfait inévitable de l'histoire, de faire disparaître tout ce qui n'est pas essentiel et fondamental; il n'y a pas de biographie dans l'histoire. Les particularités qui naissent du jeu arbitraire, s'il y a quelque part un jeu arbitraire, paraissent et disparaissent, rien ne dure que ce qui est nécessaire, et l'histoire ne s'occupe que de ce qui en durant s'organise, se développe et arrive à l'existence historique.

La question que nous devons nous proposer, Messieurs, n'est donc pas moindre que celle-ci; j'ai essayé de vous montrer que la philosophie a une existence réelle dans la conscience et dans la pensée; je vais rechercher si elle a une existence dans l'histoire; si elle ne l'a pas, nos opinions sont illusoires; si on trouvait que dans l'histoire, dans les progrès de la civilisation, la philosophie a son existence, si là elle est représentée exactement de la même manière que dans la conscience, si elle y soutient avec les autres éléments de la civilisation, le même rapport qu'avec les autres éléments de la conscience, alors nous nous sentirons sur un terrain solide, et nous aurons pour nous les faits intérieurs et extérieurs, et plus de faits vrais, et de plus vous verrez que la vérité en soi est l'identité de ces deux ordres.

Recherchons quel sera l'objet de cette séance : si la philosophie a eu une existence historique, et quelle a été cette existence.

Ne pensez pas que je vous fasse ici un tableau de la civilisation, je cherche seulement si dans un coin de ce tableau je ne trouverai pas la philosophie ; je ne considérerai la civilisation que par ce côté. Mais par où commencer, Messieurs? En cela je me permettrai d'innover, je me permettrai de commencer l'histoire par l'histoire ; ordinairement on cherche le commencement de l'histoire par des hypothèses; on cherche l'histoire des religions, par exemple, à l'état sauvage et dans des époques que la critique historique ne peut pas le moins du monde confirmer, et c'est du sein de ces conjectures qu'on va chercher la lumière à la lueur de laquelle on se propose ensuite de parcourir toute l'histoire de la civilisation.

Je ferai tout autrement, Messieurs, je partirai de ce qui est pour retrouver ce qui a été auparavant, pour aller de là à ce qui fut d'abord, et au-delà de quoi l'histoire et la critique ne nous donnent aucun élément.

L'histoire moderne, Messieurs, d'où vient-elle? Ses racines sont ailleurs; les racines de l'histoire moderne sont dans le monde grec et romain. Tous les témoignages déposent de cette filiation, et ce monde de l'antiquité classique, ce monde ne présuppose-t-il pas un monde antérieur? N'y a-t-il rien qui atteste qu'avant le monde grec et romain il y avait un monde qu'a traversé l'humanité avant d'arriver au monde grec ou romain?

Les racines de l'antiquité classique sont sous les sables de l'Égypte, de l'Afrique, dans les plaines de la Perse et sur les hauteurs de l'Asie centrale. Il est évident, en effet, que les témoignages se portent jusque là ; et qui de nous a des idées sur ce qui fut au-delà ? Je déclare que je ne connais pas de civilisation antérieure à celle-là. Hé bien ! Messieurs, y a-t-il eu ou n'y a-t-il pas eu de philosophie dans l'Égypte et dans l'Orient ? Si je connaissais, je le répète, un âge du monde antérieur à celui-là, je vous y conduirais pour éprouver la vérité de l'analyse philosophique, et voir s'il y a eu ou s'il n'y a pas eu de la philosophie. Le monde oriental, Messieurs, est vaste ; il renferme bien des parties, bien des parties diverses qu'il faut bien se garder de confondre les unes avec les autres, et qui, dans leur diversité, constituent la vie du monde oriental ; mais enfin, sous cette diversité, sous les différens caractères que nous présentent les grandes divisions du monde oriental, est un grand caractère qui se rencontre même dans chacune de ces parties, mais qui domine, Messieurs, tous les autres caractères qu'il est possible de trouver dans chacune de ces parties.

Le caractère fondamental du monde de l'Orient, c'est son unité ; c'est que tous les élémens de la nature humaine y sont, et y sont, Messieurs, dans des proportions colossales, mais indécises et tellement dépendantes les unes des autres, que l'abstraction seule peut séparer quelques uns de ces élémens ; mais, dans l'histoire, on les voit enveloppés les uns dans les autres.

L'état d'enveloppement de toutes les parties de la nature humaine est le caractère de l'Orient. Comme dans l'enfance organique de l'individu tout existe, mais tout co-existe dans un état d'enveloppement ; de même, dans l'enfance de la civilisation et de l'histoire, dans l'enfance de l'espèce, tout coexiste enveloppé. C'est là le caractère réel et nécessaire de l'Orient. En effet, Messieurs, l'industrie n'a pas manqué dans l'Orient. Rappelez-vous, d'un côté, Babylone, Persépolis ; de l'autre côté, sur les bords de l'Afrique, dans les plaines du Nil, rappelez-vous, non seulement les Pyramides, mais les temples de la Haute-Égypte, et Saïs et Thèbes, enfin tous les monumens gigantesques du haut Orient : les lois n'y ont pas manqué davantage ; elles y ont si peu manqué, elles y ont été si bien appliquées à l'espèce humaine, que, sous ces lois, l'espèce humaine s'est fort peu remuée : les arts n'y ont pas manqué davantage ; la religion n'y a pas manqué non plus ; et il n'est pas de mon sujet de vous dire, de vous prouver du moins quel a été nécessairement le centre autour duquel se sont formés, et les arts, et les états et l'industrie. La religion est l'idée centrale de l'Orient. Cela est si vrai, que si vous examinez les arts de l'Orient, vous ne retrouverez jamais un but ni un caractère individuel ; les arts sont toujours là comme couronne de la religion. L'État est si bien pénétré de l'élément religieux, que toutes les lois civiles et politiques de l'Orient sont en même temps des lois religieuses; et l'industrie est si bien au service et sous la domination de la religion, que des codes politiques et religieux lui tracent d'avance et ses procédés et ses limites.

Dans un monde tel que celui-là, quelle existence pouvait avoir la philosophie? Elle a dû nécessairement être enveloppée dans un autre élément que nous avons signalé; elle a dû tenir *essentiellement* à celui de ces élémens qui dominait tous les autres, c'est-à-dire à la religion : la philosophie a donc été dans l'Orient, Messieurs, le reflet de la religion.

Je dois dire que dans l'Egypte et dans la Perse, la philosophie n'a pas eu d'existence indépendante : on connaît même mieux ces deux grandes contrées par des monumens figurés que par des monumens écrits, témoignage certain du degré de civilisation auquel elles étaient arrivées, et de l'idée intime que la philosophie *était liée* avec sa forme religieuse.

Dans l'Inde et dans la Chine, sans doute, plus d'indépendance se laisse voir; cependant pour le dire en peu de mots, toute la philosophie indienne ne me paraît être, dans son caractère général, qu'une interprétation des livres religieux de l'Inde. Il est avoué aujourd'hui que les systèmes philosophiques de l'Inde se divisent en deux grandes classes; et les titres que l'on a donnés à ces classes vont vous prouver, Messieurs, quelle a été l'indépendance de la philosophie et de la religion. Il est avoué que tous les systèmes de la philosophie indienne se classent sous ces grands chefs, système orthodoxe et système hétérodoxe, c'est-à-dire que devant la philosophie étaient les Vedas, base de toute vérité, autorité des autorités, lumière des lumières; et que l'esprit humain en Orient n'a pas changé, n'a pas voulu faire autre chose que d'entendre les Vedas. Ne penser qu'à eux et chercher à les comprendre était déjà un symptôme grave de ce besoin de la nature humaine, et nous avons appelé ce besoin philosophie. Ce n'a pas été sa satisfaction; plus tard sans doute dans la restauration des idées, la philosophie s'est un peu plus détachée de la religion, mais outre que les monumens gothiques ne sont pas encore connus en Europe, ou du moins ne sont pas dans la classe des profanes, comme M. Abel Rémusat n'a pas encore publié son grand ouvrage de la religion et de la philosophie...... Je suis forcé de m'en tenir aux données qui sont dans mes mains; et ces données ne me paraissent indiquer qu'un caractère symbolique de religion, sous lequel je reconnais en effet un commencement de philosophie, et c'est précisément ce résultat auquel je voulais arriver. L'homme habitué à l'analyse moderne, en jetant les yeux sur les monumens figurés ou même écrits qui nous restent de l'Orient, frappé de ces caractères symboliques, qui éclatent partout, que nous n'avons pas encore parfaitement déchiffrés, n'y comprend pas grand' chose, et est tenté de regarder tout cet appareil symbolique comme le produit d'une imagination grande, mais faible, et qui n'est pas encore arrivée à la pensée; et on taxe ce vieil Orient de n'être qu'un amas de superstitions ridicules. On ne se souvient pas que dans l'Orient, il ne s'agit pas des montagnes et des fleuves, mais des hommes; que toutes les fois qu'on fait ainsi le procès à une civilisation qui a duré au moins trois fois plus long-temps que la nôtre, pour ne pas m'avancer beaucoup, on fait le procès à un bon quart de l'histoire de l'espèce.

D'une autre part, Messieurs, quand on lit les monumens poétiques (particulièrement ceux qui commencent à circuler en Europe) de la civilisation indienne, on ne voit pas de vérité qui ne soit si profonde, et qui ne fasse un tel contraste avec la mesquinerie des résultats auxquels, dans ces derniers temps, s'était arrêté le génie européen, qu'on est tenté de se mettre à genoux devant le génie de l'Orient, et de qualifier ce symbolisme de philosophie.

Autre chose est le symbolisme, autre chose est la philosophie : c'est dans cette différence que se trouve toute l'intelligence profonde et de l'homme et de l'histoire. Non seulement aucune époque n'a été déshéritée de la vérité, mais pas un seul individu n'en a été déshérité; car si vous disiez que le premier ne l'avait pas, vous soulèveriez un problème qu'il ne serait pas en votre pouvoir de résoudre. Pourquoi la vérité (et par la vérité je n'entends pas telle ou telle conception), pourquoi la vérité lui a-t-elle manqué? Elle ne lui a pas manqué, il l'a comprise aussi bien que le dernier individu de l'espèce humaine, mais non de la même manière. Il n'y a pas de castes dans l'espèce humaine, l'homme est égal à l'homme, et la seule différence qui existe, c'est la différence du plus au moins. Tous les individus ont à la vérité, le pâtre en sait autant que le savant; seulement il lui manque l'*instruction* et le savoir; il en sait autant que le savant, sur le rapport de l'homme à tout, mais il n'a pas de ces formes adéquates de la pensée, qu'on nomma philosophie; il en est de même des lois de l'Orient. Cependant on peut dire que ce qui surtout lui a été donné comme à la première grande époque de l'histoire de la philosophie, c'est la vérité sous une forme moins philosophique que celle qui a honoré la deuxième époque de l'histoire de l'humanité.

Dans l'Orient tout est enveloppé, la philosophie a son existence comme tous les autres élémens de l'humanité, mais sous la condition de l'enveloppement; c'est le caractère général de son existence, mais avec des symptômes graves d'une séparation.

Ce qui était enveloppé était destiné à se développer, et sur la base de l'Orient devait se dessiner une nouvelle époque du monde. La nature humaine fait un pas vers la civilisation, descend du centre de l'Asie à travers les plaines de l'Asie mineure dans cet admirable bassin de la Méditerranée, et sur les côtes de la Grèce. La Méditerranée, la Grèce, sont l'empire du mouvement, comme le haut plateau du monde Indo-chinois est l'empire de l'immobilité.

Il fallait bien que le berceau du monde fût ferme et fixé, pour pouvoir soutenir et porter tous les développemens de la civilisation humaine. En Grèce, tous les élémens de la nature humaine sont comme dans l'Orient; ils s'y trouvent même sous une nouvelle condition, c'est la condition, Messieurs, du caractère général de l'esprit grec qui est le mouvement. Tout se développe, tout coexiste, mais tout tend à se séparer, et sur ce théâtre du mouvement et de la vie, l'industrie, l'état, l'art, la religion, sans pouvoir se passer les uns des autres, tendent cependant à se développer distincts, sinon exclusifs. Les merveilles de l'industrie grecque vous sont connues; et l'industrie grecque est sortie de la Grèce, et elle s'est étendue presque dans tout le monde connu alors. Les lois de la Grèce et de Rome, car, Messieurs, c'est un seul et même monde que le monde grec et romain, les lois de la Grèce et de Rome sont toutes, en portant encore un caractère religieux, sont toutes bien plus indépendantes dans leur teneur détaillée, que les lois de l'Orient. Lisez et comparez les lois de Menou et les lois romaines, vous verrez que dans les lois de Menou rien n'est progressif, que les lois romaines qui se sont perpétuellement modifiées, que les lois romaines devaient avoir pour se modifier ainsi perpétuellement un moindre caractère religieux, bien que ce caractère ne leur manque point, surtout dans leur berceau.

Quant aux arts, on connaît le caractère général des arts de la Grèce. Quant aux arts de l'Orient, l'Orient a peu ou point de peinture, car les représentations légères et grossières que je trouve de loin en loin dans les monumens qui en sont arrivés ici, ne me paraissent qu'une absence de peinture, ou du moins de la peinture dans sa plus grossière enfance; il a beaucoup d'architecture, c'est-à-dire, Messieurs, que dans l'Orient l'art était beaucoup plus destiné à représenter ce qui est fixe et impersonnel, tandis que l'art de la Grèce, qui a de l'architecture, beaucoup de sculpture et déjà une portion assez considérable de peinture, était destiné à représenter la personne. Tout comme la religion de la Grèce est plus anthropomorphite, tout de même l'art de la Grèce est plus personnel; sans doute, ce n'est pas là la véritable forme de la religion, mais l'anthropomorphisme est supérieur aux religions de la nature de toute la supériorité de l'homme sur la nature, et ç a été un pas immense fait pour l'affranchissement de la pensée que d'être passé du symbolisme naturel au symbolisme anthropomorphite. La philosophie a suivi et a dû suivre la même forme que tous les autres élémens auxquels elle est naturellement attachée : puisqu'il y a plus de liberté dans la pensée, il a dû y avoir aussi plus de liberté dans la religion. La religion de la Grèce et de Rome sont orientales; langue, écriture, alphabet, procédés industriels et agricoles, formes primitives du gouvernement, procédés de l'art, caractère primitif de l'art, culte primitif, tout cela se développe par l'esprit grec, qui a cette forme admirable qu'on appelle la forme grecque. Il en est de même de la philosophie : la philosophie en Grèce et en Orient a commencé par n'être que la religion, et en ce sens elle n'était pas la philosophie; ensuite la religion a essayé de se comprendre elle-même, et elle a passé du culte dans les mystères.

Les mystères qui nous semblent aujourd'hui une manière un peu obscure de comprendre les choses, ont été dans leur origine une conquête de l'esprit libéral. Donc les mystères étaient des explications fort grossières et bien éloignées des explications philosophiques, mais c'étaient des explications. On cherchait à se rendre un certain compte des représentations physiques du culte; ces mystères étaient sortis de la philosophie.

Les premiers philosophes grecs avaient voyagé dans l'Orient, s'étaient fait initier dans les mystères; peu à peu la philosophie, à force de tâtonnement, de desseins infructueux sur des pays isolés du monde gréco-romain, arrive dans la capitale même de ce monde; là elle rejette toute forme symbolique et elle en prend une qui lui est propre.

Nous savons, Messieurs, aujourd'hui d'une manière certaine quel est le jour, le mois, l'année mémorable où s'accomplit ce grand événement, c'est-à-dire où il se manifesta d'une manière éclatante et prit possession du monde lui-même. Le jour et le mois m'échappe en ce moment, mais c'est la troisième année de la soixante dix-septième olympiade, que la philosophie a été mise dans le monde pour ne jamais repérir. C'est quatre cent soixante-dix ans avant notre ère que naquit Socrate.

Socrate, Messieurs, est un personnage historique; en effet, il représente une idée, il représente l'idée de la philosophie, c'est-à-dire celle de la réflexion appliquée non à tel ou à tel objet, mais à tout; non pas de la réflexion aboutissant à tel ou tel système, mais de la réflexion se développant librement sans aboutir à aucun résultat.

Il n'y a point, Messieurs, de système socratique, il y a un esprit socratique. Socrate ne voulait pas enseigner telle ou telle vérité; il n'a laissé son nom attaché à aucune vérité. Que faisait-il donc, Messieurs? Il doutait de tout, ou du moins il feignait de douter de tout; il s'adressait à l'industriel, au légiste, à l'artiste, au ministre du culte, même aux philosophies informes qui l'avaient précédé, et il leur demandait compte d'eux-mêmes; il secouait l'esprit, il le fécondait par l'examen et la réflexion, il n'était préoccupé d'aucun système, il ne se demandait à lui-même et ne demandait aux autres que de s'entendre avec eux-mêmes, et de se laisser entendre par lui. Entendre, se rendre compte, comprendre, être clair pour soi, savoir ce qu'on dit et ce qu'on pense, voilà quel a été le but de Socrate, but négatif sans doute; ce n'était pas là faire de la philosophie, ce n'était que la décomposer. Socrate a produit non un système, mais une école, une école immense comme la réflexion; et comme la réflexion va sans système, comme elle aboutit à de mauvais comme à de bons résultats, c'est là l'explication que dans son école se soit trouvé Aristippe comme Platon, Épicure tout comme Zénon, qui tous se sont dits enfants légitimes de Socrate, et ils avaient raison. Telle était cette unité qu'ils philosophaient, qu'ils faisaient un libre usage de la pensée, qu'ils tâchaient de s'entendre avec eux-mêmes: ils s'entendaient diversement et cela est un bien, bien inévitable.

Dix siècles, Messieurs, ont été nécessaires pour épuiser le

mouvement socratique; et quelle gloire que d'avoir donné son nom, non à tel ou tel point de cet immense mouvement, mais à la totalité! Quant à l'époque, il représentait tous les philosophes du sixième et du septième siècle, et de tous ceux qu'il avait formés de ses propres mains.

La philosophie de Socrate prit des formes bien différentes; après être sortie violemment, comme cela se passe ordinairement, du sein du culte, elle y rentra sous les auspices d'hommes qui en savaient beaucoup plus long que Socrate, et qui, en rentrant jusqu'à un certain point dans le sein des mystères et de la religion, savaient ce qu'ils faisaient, et que c'était leur réflexion même, c'est-à-dire l'idée philosophique, qui les conduisait là où ils consentaient à aller.

Ainsi l'école néoplatonicienne, école légitime de Socrate, s'était arrangée avec le symbolisme, qui avait pourtant mis à mort Socrate; ceux qui défendirent le paganisme expirant et qui combattirent avec Justinien étaient les mêmes hommes qui après être sortis de l'école de Socrate, et avoir perdu leur maître par la grande catastrophe que vous connaissez, eurent beaucoup de peine à se sauver eux-mêmes. Ce que l'un avait fait par la réflexion, les autres le rejetèrent par la réflexion aussi, et là seulement est l'unité de la philosophie grecque, qui subsista depuis l'an 470 jusqu'à l'an 529 où, par un arrêt de Justinien, fut fermée à Athènes la dernière école de Platon; si on ne connaît pas toute l'histoire, on sait toujours ce qui importe, le commencement et la fin de ce grand événement.

Passons, Messieurs, à l'histoire moderne : j'estime que le monde gréco-romain a duré à peu près treize ou quatorze siècles; cette existence est infiniment inférieure à celle de l'orient, et il n'est personne de vous qui, si je me suis fait comprendre, n'en voie le motif, et le motif nécessaire. L'époque du monde qui représente l'immobilité, doit la représenter toujours et rester immobile, la durée est son caractère; l'époque du monde qui doit représenter le mouvement, doit avoir moins de durée et moins de vie, l'époque gréco-romaine est infiniment moins longue que l'époque orientale. Qui sait combien durera la nôtre?

Nous sommes d'hier, Messieurs; la civilisation n'est pas jeune, mais l'histoire moderne l'est beaucoup, et je suis même effrayé du résultat que j'ai à exposer devant vous; il n'est pas favorable à la présomption moderne, mais il est très favorable à de grandes espérances.

Il y a deux momens dans l'histoire moderne, et il n'y en a que deux : l'époque d'enveloppement et celle de développement; rien de plus simple : le moyen âge, Messieurs, n'est pas autre chose que la formation pénible, lente et sanglante de tous les élémens de la civilisation moderne. Je dis la formation et non le développement; et dans le moyen âge comme dans la Grèce, comme dans l'Orient, sont, et ne peuvent pas ne pas être, tous les élémens de la nature humaine; mais ils sont, dans le moyen âge comme dans la Grèce, comme dans l'Orient, sous une condition qui leur est propre. Les élémens humains y coexistent groupés tout autour de l'élément dominant du moyen âge; car, à toute époque, il y a toujours et il doit toujours y avoir un élément de religion, lequel n'exclut pas les autres, il les embrasse.

L'élément dominant du moyen âge est le christianisme : c'est le christianisme qui a civilisé le monde moderne. Il a mis toute la durée pénible du moyen âge à donner une base fixe et ferme à la civilisation moderne; c'est lui qui, d'abord, a commencé l'industrie, qui a fait l'état, qui l'a fait à son image, qui a fait l'art; il a fait aussi la philosophie. Je m'explique encore : il a fait cette explication de la religion, qu'on peut appeler ou n'appeler pas philosophie, suivant la rigueur avec laquelle on emploie les mots et les idées, et qui est très célèbre, quoique bien folle, connue aujourd'hui sous le nom de scholastique.

Et de même que la philosophie orientale a pour base les vedas, que la philosophie grecque a pour base les mystères, tout de même la philosophie moderne a pour base la Bible, l'ancien et le nouveau testament et les décisions souveraines de l'église.

Tout comme l'unité du moyen âge est dans la domination de l'église, et dans la formation de tout le reste par un seul élément, tout de même l'unité de la scholastique est dans ce point, qu'elle s'exerçait dans un cercle, dans un cercle qu'elle n'avait point tracé elle-même, mais qui avait été tracé par une autre autorité que la sienne.

L'esprit humain avec son énergie était dans le moyen âge, et quoique à genoux devant le christianisme, qui était sa forme la meilleure, il ne pouvait pas, en vertu de sa nature, ne pas chercher à se rendre compte de cette forme, de ce culte, du christianisme. Il s'en rendit compte, mais comment s'en rendit-il compte ? comme on le fait dans le commencement à la condition de toucher tout, mais de ne pas remuer grand'chose. Ainsi les systèmes les plus différens sont dans la scholastique.

Vous seriez étonnés si vous saviez avez quelle liberté apparente on a philosophé dans le moyen âge. Si vous étiez plus au fait des querelles des réalistes, des nominalistes, des conceptualistes, je vous tracerais le caractère général qui les représente, mais qu'il me suffise de vous dire que les sectes du moyen âge sont trois fois plus nombreuses que les sectes grecques, beaucoup plus considérables encore que les sectes indiennes, que les sectes indo-chinoises. Était-ce là le dernier mot de la philosophie, Messieurs? non. Il y a beaucoup de vérité dans la scholastique, et tout de même qu'aujourd'hui après avoir, dans un premier moment d'émancipation moderne, rejeté, méprisé le moyen âge, on y revient, tout de même après avoir dit beaucoup de mal de la scholastique, je vous prédis qu'avant peu d'années on prendra les choses par l'extrémité contraire, et qu'il est bon qu'il en soit ainsi; et que tout de même qu'aujourd'hui on vante le moyen âge, tout de même nous sommes au moment de comprendre la scholastique, et nous l'admirerons infailliblement. Ce n'est point là de la philosophie.

Tout de même que je fais profession de croire que toute vérité est dans le christianisme, je dois faire encore plus profession de croire que la représentation philosophique du christianisme doit contenir toute vérité, et vous ne voyez pas ici un ennemi de la scholastique; mais j'en suis fâché, ce n'est pas moi qui l'ai dit, c'est la nature humaine qui le prononce. La pensée qui s'exerce dans un cercle qu'elle n'a pas tracé, est une pensée qui peut être fondée, mais c'est encore la pensée, sans la liberté qui caractérise la philosophie.

Tout de même que nous savons, Messieurs, le jour, le mois, l'année, où la philosophie grecque a été mise dans le monde, tout de même nous savons le jour et l'année où la philosophie moderne est née. Savez-vous combien il y a de temps qu'elle est née? voilà où vous allez prendre sur le fait la science de l'esprit moderne. Le père d'un de vos pères aurait pu voir celui qui a mis dans le monde cette philosophie. Celui-là devait appartenir éminemment à la nation qui est appelée à représenter particulièrement l'esprit occidental de l'Europe moderne, il a dû écrire dans la langue qui déjà décompose toutes les autres langues, et qui est aujourd'hui adoptée d'un bout de l'Europe à l'autre. Cet homme, c'est un Français, qui le premier en France même a écrit, non dans un langage mort, mais dans un langage vivant réservé aux générations futures; cet homme c'est Descartes, né en 1596, et qui a écrit en français son premier ouvrage en 1637.

C'est donc de 1637 que date la philosophie moderne. Mais, Messieurs, quel est le titre de cet ouvrage éminemment historique. Je vous ai dit que Socrate n'avait pas eu de système, je vous dirai qu'il m'importe peu que Descartes en ait eu un : on peut lire ce système, il y a même une sorte d'utilité; mais le système de Descartes n'était pas même un système. Et quelle est donc la pensée de Descartes qui appartient à l'histoire? celle de sa méthode.

Socrate, c'est la réflexion libre : Descartes, c'est la méthode; la méthode dans sa forme, je dirai presque révolutionnaire, négative, dubitative. Descartes commence par douter de tout, à commencer par son existence, et il ne pouvait commencer sans douter de ce qui doutait en lui, de sa pensée; et il y a entre Socrate et Descartes l'abîme immense de vingt siècles, comme il y a un certain système indien qui est séparé de Socrate par l'espace de plus de dix siècles. La réflexion est bien autrement sévère, bien autrement sérieuse, mais le système de Descartes est tel qu'il s'est blessé avec ses propres armes, et que je ne veux que la méthode Descartes pour renverser de fond en comble son système. Socrate n'a pas mis dans le monde un système, il y a mis l'esprit philosophique, lequel a produit et produira mille et mille systèmes.

De la Méthode, tel est le titre modeste aujourd'hui, mais prodigieux alors, sous lequel Descartes présenta au monde ses pensées. C'était un gentilhomme militaire ayant au plus haut degré nos défauts et nos qualités, net, ferme, résolu, pensant dans son cabinet avec la même simplicité qu'il se battait sous les murs de Prague. Il avait fait la guerre en amateur; il philosopha de même. N'ayant pas le plus léger enthousiasme, ayant quitté non forcément, mais volontairement son pays, il était riche. Le cardinal de Richelieu qui aimait le grand Corneille, lui offrit même une pension; il est vrai qu'il ne la toucha jamais, mais il paraît que, protégé comme il l'était, il aurait pu faire son chemin; il aima mieux errer en Allemagne, en Italie, puis aller méditer dans les *stonggles* de la Hollande, et de là aller laisser ses os dans le nord. Philosophant pour philosopher, réfléchissant pour réfléchir, préoccupé beaucoup plus de sa méthode que de son idée, Descartes plaisante ceux qui s'imaginent qu'il prend pour philosophie ses pensées, et il dit : j'ai fait des découvertes pour exercer ma méthode; si elles valent quelque chose, appliquez-les. Sa correspondance n'est pas physique, elle est philosophique, certaine, telle que le veut l'esprit philosophique; mais dans le monde moderne, en 1637, nous parlons ici en 1828, l'esprit philosophique ne s'est pas arrêté, il s'est développé avec l'intensité proportionnelle qui doit exister entre le mouvement du monde moderne et celui du monde grec, et celui du monde oriental, et en un siècle, car nous ne datons que d'un siècle; dans un siècle, dis-je, il semble que les systèmes philosophiques n'ont pas manqué à l'Europe.

On accuse beaucoup la philosophie moderne, et il y a vraiment beaucoup de sévérité à l'accuser de diversité et de se perdre dans un chaos de systèmes; je ne l'accuse pas, car comment accuser la philosophie, l'humanité et la civilisation moderne?

Depuis le premier qui interpréta les Vedas, jusqu'au dernier philosophe indo-chinois, cette série d'interprétations, qu'on appelait déjà et qu'on appelle aujourd'hui la philosophie orientale, n'avait pas reculé; elle ne reculera pas plus de Descartes aux générations futures. Je remarque que la philosophie moderne a son unité comme la philosophie grecque avait la sienne; son unité même me paraît beaucoup plus frappante que sa liberté. Quelle est son unité? elle en a une bien évidente, à mon sens; c'est de faire usage de la raison comme on peut. Vous me direz que ce point n'avait pas pu manquer aux philosophes antérieurs. Abeilard et Scot-Erigène étaient des esprits originaux; mais aussitôt qu'après quelques tentatives de liberté, ils touchaient le moins du monde les limites apparentes de l'autorité ecclésiastique, ils se renfermaient dans ce cercle, se hâtaient de reculer; aujourd'hni c'est le contraire: l'esprit négatif doit être parfaitement retenu. Descartes c'est l'esprit négatif et individuel. Aujourd'hui c'est l'esprit d'examen interprété d'une manière plus rigoureuse que raisonnable, qui domine; c'est là l'unité de l'esprit philosophique de l'époque, c'est la philosophie de l'époque; elle est dans l'enfance. Toute philosophie de l'esprit humain commence par beaucoup connaître, mais c'est là le point de départ et non la fin, et les révolutions consommées, développées dans leurs élémens, s'exercent dans leur véritable élément, font la gloire de l'esprit humain, et par conséquent présentent des caractères poétiques quelconques. Les tracasseries modernes, je ne puis me servir d'une expression plus convenable contre ce qu'il y a de plus saint et de plus vénérable, partent toutes d'un point de centre.

Nous dépasserons ces limites dans celles de la liberté quand, au lieu d'être des affranchis, nous serons des hommes libres: il ne nous tombera pas à l'esprit de porter cette liberté contre qui que ce soit.

Pensez-y, Messieurs; rien ne recule, tout avance: la philosophie a connu le mouvement en passant de la Grèce en Europe; elle ne peut que gagner dans l'avenir; elle y perdra cet esprit d'hostilité qui est propre à l'esprit critique, et elle acquerra peu à peu un caractère positif.

Cet avenir est devant nous, je fais profession d'y croire, mais nul de nous ne le verra, l'avenir ne se fait pas en un jour. Il importe donc de recueillir précieusement les symptômes de l'esprit philosophique de notre époque, afin de consolider notre gloire dans l'avenir, et afin que cette gloire nous apprenne à être sensés et patiens dans le présent.

Messieurs, la philosophie, vous l'avez vu dans la dernière leçon, est, si je puis dire, le point culminant de la pensée. Eh bien, successivement vous avez vu s'agrandir dans une proportion considérable le rôle qu'a joué tour à tour la philosophie dans les trois grandes époques de l'histoire du monde.

Ma foi est que dans un avenir inconnu l'esprit philosophique s'étendra, se développera, et, tout comme il est le point culminant de la pensée, et le dernier venu dans la pensée même, il sera et le dernier venu dans l'espèce humaine, et son point culminant.

Par exemple, si dans l'Orient sur cent créatures pensantes, et en possession par conséquent de la vérité, il n'y en avait qu'une qui cherchât à se rendre compte de la vérité, et si en Grèce, sur cent il y en avait trois, aujourd'hui dans cette enfance de la philosophie moderne, et après un siècle d'essais même médiocres, il n'est pas impossible de dire qu'il y en a peut-être sept ou huit qui cherchent à réfléchir et à se comprendre elles-mêmes. C'est un point très grave, un pas immense, qui en produira beaucoup d'autres : le nombre des penseurs, des esprits libres, des philosophes, s'étendra, s'accroîtra sans cesse jusqu'à ce qu'il prédomine et devienne la majorité de l'espèce humaine.

Ce jour-là, ce n'est pas demain qu'il luira sur le monde, ce jour-là, l'espèce humaine sera arrivée bien loin dans les routes de la civilisation. Eh! Messieurs, point de présomption, car nous sommes, je vous le répète, nous sommes d'hier et nous sommes arrivés graduellement; mais beaucoup de foi dans l'avenir, et par conséquent beaucoup de patience dans le présent.

Il n'y a rien de définitif dans le monde, tout de même il n'y a pas de borne à la civilisation : je me serais moi-même expliqué d'une manière infidèle, si je vous avais dit qu'il viendra un temps, une époque donnée où la pensée concevra la vérité sous sa forme véritable, car vous me demanderiez : qu'y aura-t-il après ce temps? Tout marchera vers ce temps qu'on atteindra ou qu'on n'atteindra pas, qui est la fin dernière de son existence.

Il y aura toujours dans l'espèce humaine des masses, il ne

faut pas s'appliquer à les décomposer et à les dissoudre d'avance. La philosophie est à elle seule la forme naïve, profonde, admirable de la religion et du culte ; le christianisme c'est la philosophie du monde. Celui qui porte ici la parole est sorti du peuple et du christianisme, et j'espère que vous le reconnaîtrez toujours à mon profond respect, à mon tendre respect pour tout ce qui est du peuple et du christianisme.

La philosophie est patiente et calme, elle sait ou elle doit savoir comment les choses se sont passées dans les générations antérieures, et dans sa confiance dans l'avenir elle est imperturbable de sécurité et de tranquillité; elle est heureuse de voir les masses, le peuple, c'est-à-dire le genre humain tout entier, moins quelques hommes, entre les bras du christianisme; elle se contente de lui tendre doucement la main et de lui proposer modestement de s'élever plus haut encore.

Messieurs, un homme que recommandaient de grandes vertus et une haute capacité, en 1820, aux progrès alors un peu menaçans de l'esprit de liberté, s'écriait, avec un accent pathétique : la démocratie coule à pleins bords. Mon illustre ami, que ne recommandent pas des vertus moins pures, une capacité moins haute, et qui y joignait une intelligence prophétique, lui répondit : si par démocratie vous entendez le progrès toujours croissant, depuis quelques siècles, de l'industrie, des arts, des lois, des sciences, des lumières, j'accepte une pareille démocratie, si vous voulez garder ce nom; et, pour ma part, loin de blasphémer mon siècle, je remercie la Providence de m'avoir fait naître à une époque glorieuse où il lui a plu d'élever le plus grand nombre de mes semblables au partage des vertus, des lumières, qui n'étaient pas réservées à quelques hommes. Je vous gâte beaucoup les paroles de M. Royer-Collard, en vous les rapportant de mémoire, mais je suis sûr de n'en pas gâter le sens, et d'être fidèle à l'esprit de sa morale.

Hé bien, Messieurs, on se plaint aujourd'hui des progrès, sans cesse croissans, de l'esprit philosophique, qui met en poussière les croyances religieuses de l'Europe.

D'abord je ne vois pas cette dissolution : j'ai vu un peu l'Europe, il n'y a pas de dissolution, elle n'est pas près de se dissoudre : il y a un progrès continuel de la réflexion, appliquée à toutes choses : l'espèce humaine aujourd'hui prend la robe virile, et voudrait pénétrer dans toutes choses, malgré les ténèbres qui les couvrent. Donc je remercie la Providence de m'avoir fait naître à une époque où il lui a plû d'élever au rang le plus haut de la pensée le plus grand nombre de mes semblables.

Dans une prochaine leçon, après avoir dans les deux premières essayé d'absoudre la philosophie, par l'examen le plus rapide, j'entrerai dans l'histoire même de la *philosophie*.



NOTA. *Les caractères italiques indiquent les mots dont on n'est pas sûr.*

PARIS, IMPRIMERIE DE E. POCHARD,
RUE DU POT-DE-FER, n° 14.

www.ingramcontent.com/pod-product-compliance
Lightning Source LLC
LaVergne TN
LVHW010316230826
846091LV00009B/3678